Mettre son grain de sel

111 EXPRESSIONS DECRYPTÉES

WOLPERAN

Un froid de canard

De tout temps, je commence mes livres dans un froid de canard. Alors que d'autres préféreront de vous parler canard en termes de magret ou d'aiguillette, je me lance sur un ton des moins chaleureux.

Il faut se tourner du côté des chasseurs afin de trouver la source de cette expression. Le canard supporte bien le froid, mais lorsque le gel est de la partie et recouvre les cours d'eau, le palmipède ne peut s'y poser, il s'envole vers des contrées aux eaux plus liquides et de ce fait devient vulnérable au chasseur. Ce dernier, dans son attente, en ce froid polaire, devient poète et dira : « Quel froid de canard ! »

Cependant, hors d'Hexagone, l'oiseau aquatique ansériforme ne retrouve point une telle popularité proverbiale. On préférera outre Rhin, un froid de cochon, chez les Bataves, un froid d'ours, au pays de Puskas, un froid de chien et avec Anne Sylvestre, un froid de loup.

Poser un lapin

Voici une expression qui ne devrait pas exister, car poser un lapin, c'est mal. Mais, c'est un peu comme une manifestation où les syndicalistes parleront d'un million de manifestants et les policiers de dix mille. La demoiselle dira que ce n'était pas la même photo de profil et le gentleman rétorquera qu'elle a juste vingt ans et kilos d'écart.

Depuis l'époque médiévale, le lapin a toujours été vu comme un animal insaisissable et filou. Il semblerait que plusieurs significations de cette expression aient existé avant que l'on fixe celle que l'on connait de nos jours. Au début du XVIIIe siècle, un lapin était une histoire incroyable, fantastique, digne du baron de Münchhausen et dont on se moquait volontiers en répondant : « et celui-là est de garenne ».

Avec les décennies, on retrouve notre quadrupède à longues oreilles sur les toits des diligences. En effet, afin d'arrondir leurs fins de mois, les conducteurs de calèche prenaient des voyageurs supplémentaires sous une bâche, avec les bagages, pour éviter les contrôles de l'administration. On les surnommait des lapins et les cochers racontaient avoir posé

2 ou 3 lapins au contrôleur.

Puis, à la fin du XIXe siècle, le lapin est devenu un terme associé au refus de paiement. Les mauvais payeurs des filles de joie devenant ainsi des lapins. Mais comme les rongeurs de la diligence, cela était du travail au noir, non déclaré à leurs responsables. Ainsi, apparaît les poseurs de lapin. Un escroc de paiement deviendra avec le temps un escroc de rendez-vous. Voilà, voilà !

Et donc, aucun rapport, avec le fait d'être chaud lapin, qui est lié à une période de gestation courte, un mois, et en 24 heures la lapine est fécondable !

Travailler au noir

De nos jours, avec la fée électricité, tous les travailleurs ont au moins une fois travailler au noir. Enfin, dans le sens d'origine de cette expression. En effet, ce terme nous vient du Moyen Âge, où le travail était interdit après la tombée de la nuit car trop d'habitations et de structures étaient en bois donc inflammables. Car, à cette époque afin de contrecarrer la nuit noire, seule la lueur des bougies apportait la solution.

Cette illégalité de travailler lorsqu'il faisait noir a donné l'expression « travailler au noir », qui de nos jours est plus globale et ne sanctionne plus le fait de travailler la nuit.

Pour info, j'écris ces lignes la nuit, alors CHUT !

Un nom à coucher dehors

Retour à l'époque médiévale, oui, on va faire ensemble beaucoup de bonds vers cette ère riche en expression. En ces temps-là, si vous vouliez dormir dans une auberge, il était préférable de montrer patte blanche.

Dans ces temps reculés où la société était rigide et les préjugés tenaces, l'accès à l'hospitalité n'était pas accordé à tous de la même façon. Les auberges, havres de repos pour les voyageurs épuisés, étaient également des refuges pour ceux qui répondaient aux critères de la respectabilité sociale.

Noble : pas de problème ; marchand et commerçant : ça dépend ; manant et étranger : niet ou étable si tu as une bonne tête. Bref, si tu as un nom à coucher dehors, de type non chrétien en plein milieu de la Sarthe, tu dors vraiment dehors.

Ainsi, dans les méandres de l'époque médiévale, le droit à un abri décent dépendait trop souvent de la couleur de son blason ou de la sonorité de son nom, laissant les plus vulnérables à la merci du monde impitoyable qui les entourait.

Montrer patte blanche

Si toi aussi, tu aimes que cette expression apparaisse dans l'explication de la précédente, alors tu risques d'être servi. Et puis pour celle-ci, on va avoir un auteur français XXL, un picard (là, tu sais déjà que la liste est réduite à deux, trois personnes).

Un fabuliste du XVIIe siècle, académicien, conteur licencieux (en général, cela on le dit moins), du nom de Jean de La Fontaine (1621-1695). En effet, dans le Loup, la Chèvre et le Chevreau, la fable raconte l'histoire d'un loup qui essaie de tromper la vigilance d'un chevreau après que sa mère l'a mise en garde :
« Le biquet soupçonneux par la fente regarde :
« Montrez-moi patte blanche, ou je n'ouvrirai point, »
S'écria-t-il d'abord. (Patte blanche est un point
Chez les loups, comme on sait, rarement en usage.)
Celui-ci, fort surpris d'entendre ce langage,
Comme il était venu s'en retourna chez soi. »

Cette expression est alors apparue dans le langage courant comme signe de reconnaissance. Respect Monsieur de La

	Fontaine !

Au pied de la lettre

Qu'est-ce que cela peut être pénible ces personnes qui prennent toujours tout au pied de la lettre ou bien amusant s'ils ne se prennent pas au sérieux. Toujours est-il, que cette lettre est une référence à la deuxième lettre aux Corinthiens de la Bible dans laquelle l'interprétation stricte des mots est opposée à l'esprit, le sens profond, le véritable sens du message desservi.

Ainsi, Saint Paul met en garde contre une lecture trop rigide des écrits. La différence entre celui qui est dans la mêlée et celui au-dessus de la mêlée. C'est dans cet esprit de compréhension et de discernement que la véritable sagesse pourra être trouvée.

Un secret de Polichinelle

C'est un secret de Polichinelle que l'origine de l'expression « un secret de Polichinelle » vient de Polichinelle. Mais qui est-il ? C'est un personnage de la Commedia dell'arte (forme théâtrale originaire d'Italie dès le XVIe siècle) qui a une bosse devant et une derrière, mais assez malin et débrouillard.

Polichinelle souhaitant se venger d'un seigneur, évoque auprès du Roi l'infirmité de ce seigneur. Demandant tout de même de conserver le secret, il révèle que ce seigneur a le corps couvert de plumes. Mais le Roi fini par faire de même avec toute sa cour, en demandant de garder le secret. Ainsi, tout le monde fini par être au courant de ce secret de Polichinelle, secret le plus mal gardé qui puisse être.

Comme on dit, un secret qui est connu par une deuxième personne n'est plus un secret !

Payer en monnaie de singe

Quelle charmante expression médiévale ! Voici une expression des plus élégantes afin de signifier ne pas payer !

Retour au Moyen-Âge, où les marchands qui passaient par le Petit Pont reliant la rue Saint Jacques à l'île de la Cité devaient s'acquitter de quatre deniers au péage. Cependant, Saint Louis (1214-1226-1270) décida d'accorder aux jongleurs possédant un singe le franchissement du pont gratuitement si ce dernier dansait devant le douanier. Ils payaient ainsi en monnaie de singe.

Cette expression a depuis perduré dans notre belle langue, symbolisant avec esprit goguenard et fantasque l'idée de ne pas payer une dette de manière peu conventionnelle.

Avoir la puce à l'oreille

Toujours la période médiévale, cependant on peut dire que pour cette expression, il faut avoir le sens un peu poussé de l'image et du pittoresque. Je m'explique : au Moyen-Âge, on considérait que la forme de l'oreille ressemblait à celle du sexe féminin. Pourquoi pas, chacun ses comparaisons, qui serais-je pour juger ?

Néanmoins, avec cette analogie, cela a donné qu'avoir une puce à l'oreille, en ces temps-là, signifiait avoir un désir amoureux. C'est au tournant du XVIIe siècle, que l'expression, tombant en désuétude, a peu à peu changé de sens pour signifier que l'on se doute de quelque chose de louche, le soupçon.

Tirer à boulet rouge

Parfois une promenade sur nos belles côtes françaises nous permet certes de belles rencontres mais aussi des rencontres avec les expressions de la langue française. Tout à fait !

En effet, il n'est pas rare de croiser des petits fortins, des sortes de four sur des falaises surplombant le littoral français. Et bien, naturellement, ils ne sont pas là pour faire jolis. Tout commence, au XVIIIe siècle, quand Frédéric-Guillaume Ier (1688-1713-1740), roi de Prusse, décide de chauffer les boulets, dans des fours, avant de les tirer sur les navires ennemis. Ces derniers prennent feu au contact de ces boulets incandescents.

Ainsi, on tirait réellement à boulets rouges au XVIIIe siècle, avant que cela ne prenne un sens plus diplomatique, avec une attaque verbale et non militaire.

Copain comme cochon

En fait, c'est tout bête et cette expression est tirée de l'étymologie du mot cochon. En effet, c'est un peu une redondance. En vieux français, au Moyen-Âge (j'aurais dû appeler mon livre « les expressions issues du Moyen-Âge »), cochon s'écrivait soçon, qui signifiait camarade. D'ailleurs, à l'origine, l'expression était « camarades comme cochons », elle a évolué en « amis comme cochons » à l'époque de Louis XV (1710-1715-1774) et « copains comme cochons » sous les Bonaparte.

Mais savez-vous qu'il est interdit d'appeler son cochon Napoléon ? Et vu que ça n'a aucun rapport avec le reste, je me suis dit que ce serait très bien comme conclusion pour cette expression amicale.

Être au bout du rouleau

Absolument pas, niet, cette expression ne fait nullement référence au bout du rouleau de papier toilette, comme cela pourrait le laisser penser par certains !

Une nouvelle fois tout part de nos amis médiévaux. Les rôles étaient les rouleaux de feuilles comprenant des textes. Ainsi, lorsque l'on était « au bout du rôle », la lecture était terminée. Le rôle est tout naturellement devenu celui des acteurs des pièces de théâtre. Pour les rôles secondaires, il avait des rôlets, des petits rouleaux. Lorsque l'acteur avait fini son rôle sur scène, on disait alors « être au bout de son rôlet ». Et moi, de mon anecdote !

Mettre le holà

On ne part pas du côté des ibères, quand ils nous disent bonjour, mais du côté du langage équestre.

En effet, cette interjection trouve ses racines dans ce langage, utilisé pour commander aux chevaux de s'arrêter. Lorsqu'un cocher souhaitait ralentir ou arrêter son attelage, il criait "holà" pour signifier aux chevaux de cesser leur avancée.

Au fil du temps, cette interjection s'est élargie et a été adoptée dans le langage courant pour signifier une pause, un arrêt, ou pour attirer l'attention de quelqu'un de manière vive et percutante. Ainsi, lorsque quelqu'un dit "holà" de nos jours, il exprime souvent une forme d'étonnement, de surprise, ou simplement l'intention de faire une pause dans la conversation.

Se prendre un râteau

Les lois de l'attraction amoureuse sont parfois insondables. Mais pourquoi cette référence à la jardinerie ?

Au temps du cinéma muet, il était fréquent d'avoir le gag du jardinier marchant sur le râteau dont le manche monte alors au front, avec un beau mal de tête à la clef. Le rapprochement entre cette sensation et le sentiment de l'échec amoureux a vite été réalisé par le spectateur.

Mais mon cœur et mon cerveau auraient-ils été trahis par mon amour du cinéma muet ?

Car une autre raison coexiste. Au XVIIe siècle, on parlait de « prendre un rat » lorsque l'on n'avait pas eu d'étincelle sur une arme à feu, c'est-à-dire que le coup de feu n'était pas parti. C'est cet échec qui par la suite fut reporté sur l'échec amoureux.

A vous de faire votre choix ou bien de donner votre langue au chat !

Donner sa langue au chat

Place aux écrivains, qui dans leurs licences poétiques se sont laissés porter par des créations animalières afin de signifier une méconnaissance à une devinette, mais oscillant suivant les époques et les auteurs à des félins ou des canidés. Et c'est un amalgame de tout cela qui fixera « donner sa langue au chat » pour le XX-XXIe siècle.

En effet, déjà chez Rabelais, il ne fallait pas jeter son lard aux chiens et Monsieur de Sévigné (1623-1651), rapporté dans les fameuses lettres de sa femme (1626-1696), parlait de « jeter sa langue au chien ».

Dans le Gard, une locution locale désigne le mensonge par : « J'ai mangé la langue du chat ». Et George Sand (1804-1876), dans La Petite Fadette, d'ajouter qu'elle mettait quelque chose dans l'oreille d'un chat.

C'est seulement en 1860, que les frères Goncourt, dans le roman Charles Demailly, fixeront l'expression que l'on connait de nos jours à savoir : « donner sa langue au chat ».

A l'époque moderne, tant dans les internats que dans d'autres contextes, prévalait une conscience aiguë du ravitaillement alimentaire. Les élèves étaient nourris en fonction des ressources financières. Les haricots sont des denrées perçues comme économiques et jouissant d'une longue date de péremption.

Quand les haricots étaient entamés, c'est la fin, la débâcle, il n'y a plus rien à manger après. Le dernier sursis alimentaire s'envolait. Si c'est la fin des haricots, c'est la famine.

Les carottes sont cuites

Pour les carottes, l'origine de cette expression prend sa source de façon similaire à celle des haricots. La pauvreté aussi inspire souvent les expressions les plus communes de la langue française.

Les carottes sont des légumes bon marché et elles sont alors associées à un aliment des personnes aux revenus modestes. Si l'on cuisait juste des carottes sans viande ou poisson, c'était que les temps étaient durs et que l'on ne vivait que de carottes. Plus tard, pour parler d'une personne en fin de vie, on a vu apparaitre l'expression « avoir ses carottes cuites ».

L'expression est devenue populaire, car elle a été reprise par la Résistance durant la Seconde Guerre Mondiale, comme code pour la radio de Londres : « Les carottes sont cuites, je répète, les carottes sont cuites ». Alors tout espoir n'est pas perdu !

C'est la quintessence de mon livre

Je me targuerais bien de parler de quintessence sur telle ou telle chose, car l'origine de la quintessence, qui est la partie essentielle de quelque chose, se retrouve dans la remise en cause des quatre éléments : terre, feu, eau et air.

Dès la Grèce antique et ensuite au Moyen-Âge, les penseurs et philosophes de ces périodes vont parler de « quinta essencia » en latin dans le texte, la cinquième essence. Mais, c'est là qu'ils ne sont pas tous d'accord sur la signification. On trouve parfois une substance de par-delà la lune, une substance du Ciel, un élément qui se rapprocherait de ce que certains physiciens ont appelé « l'éther » au XIXe siècle.

Enfin, bref, aujourd'hui, la physique nous dit que le cinquième élément n'existe pas, mais que la quintessence des œuvres est ce qui tient l'homme en haleine.

L'habit ne fait pas le moine

A l'époque de Plutarque (46-125), déjà, il existait une phrase similaire : « Barba non facit philosophum » que l'on peut traduire par « la barbe ne fait pas le philosophe ».

Puis, en 1297, à Monaco, François Grimaldi (~1250-1309) se déguise en moine franciscain et demande l'asile d'une nuit au château. Durant la nuit, il ouvre alors les portes de la forteresse à ses chevaliers. Ils envahissent l'enceinte du château et François Grimaldi peut alors régner sur le rocher.

Cet événement marqua durablement l'histoire de la famille : il fallait bien en faire une expression et ajouter deux moines sur les armoiries.

D'ailleurs, Rabelais (1483 ou 1494-1553), dans Gargantua, est le premier auteur à utiliser l'expression : « Ôtez le bas, c'est-à-dire, les beaux habits, ils font ânes comme auparavant. Car vous-mêmes dites que l'habit ne fait pas le moine. » L'écrivain tourangeau, comptait ainsi dénoncer les moines trompant les autres en se disant être des hommes d'église vertueux.

L'argent n'a pas d'odeur

Ou « Pecunia non olet », comme disaient les romains. L'an 69 fut une année marquante dans l'histoire de l'Empire romain de par son instabilité. Cette année fut même appelée l'année des quatre empereurs, car quatre empereurs se sont succédés. Le dernier, Vespasien (9-69-79), a eu la lourde tâche de stabiliser l'état, puis de renflouer les caisses de Rome, à la suite de la couteuse guerre civile.

Ainsi, il va faire preuve d'une grande imagination en étendant le chrysargyre, un impôt qui taxe les revenus du commerce, à l'urine (vectigal urinae).

En effet, l'urine contient de l'ammoniac qui permet de fixer la couleur sur les tissus et c'est ainsi que des urnes faisant office d'urinoir dans les rues pour la collecter.

Mais cela ne plaisait pas à tout le monde et même jusque dans l'entourage de l'Empereur. Son fils, Titus (39-79-81), se plaignant de devoir collecter un impôt venant de l'urine, Vespasien lui aurait tendu quelques pièces d'argent et lui aurait demandé de le sentir. Titus n'étant pas outragé par l'odeur de cet pièce, l'Empereur lui aurait répondu que l'argent n'a pas d'odeur.

	Plusieurs réminiscences existent dans l'histoire de ce récit. Balzac (1799-1850) dans Sarrasine parlera de l'axiome de Vespasien en racontant les origines mystérieuses de la fortune d'une famille parisienne. Et puis « vespasienne » est devenu le surnom que l'on donne aux urinoirs publics pour les hommes ; elle avait une forme bien caractéristique, immortalisée par Robert Doisneau (1912-1994), avant l'invention des « sanisettes ».

Tomber comme des mouches

En l'an de grâce 1121, lors de la solennelle consécration de la chapelle édifiée au sein de l'abbaye de Foigny, un événement extraordinaire vint troubler la cérémonie sacrée, une nuée de mouches s'abattit soudain sur le lieu saint, semant le chaos parmi les fidèles.

Toutefois, dans sa divine clémence, Saint Bernard (1090-1153), homme de foi et de prodiges, se dressa contre cette infâme intrusion. D'un geste divin, Saint Bernard prononça l'excommunication sur lesdites mouches. Aussitôt, la colère céleste s'abattit sur elles, les foudroyant sur place ; ces créatures chutèrent, comme pétrifiées par la sainte sentence.

Elles tombèrent « comme des mouches » et la malédiction fut telle, que ce miracle devint une expression, où l'on perpétue le souvenir glorieux.

Faire mouche

Cette expression plonge ses racines dans le fertile terreau au XVIe siècle, époque où les vaillants archers maniaient l'arc, comme je manie le stylo. Sur les cibles que les archers prenaient pour but, le point noir au centre est appelé « mouche ». Ainsi, toucher cette mouche était assez exceptionnel, suscitant admiration et respect parmi les autres hommes d'armes. Cette pratique, d'une précision remarquable, se perpétua avec le temps, accompagnant l'avènement des armes à feu.

Ainsi, l'expression faire mouche prendra un sens plus universel pour ceux qui atteindront leurs cibles avec succès.

Fine mouche

Il semblerait que ce soit la saison des mouches, pourtant point de passion pour les diptères chez moi, mais du côté des humains, cela se révèle être différent.

A la fin du Moyen-Âge, la mouche signifiait un espion, car l'animal était considéré comme espiègle, futé, habile. Ces traits étaient perçus comme des qualités qui pouvaient être utiles dans le monde humain, et tout particulièrement dans le domaine de l'espionnage. Et à la fin du XVe siècle, on pousse la métaphore jusqu'à la « fine mouche », qui désigne une personne futée.

C'est ainsi que l'humilité de la mouche, petite et apparemment insignifiante, a donné naissance à une expression qui évoque l'intelligence et la finesse d'esprit.

Se tenir à carreau

Au Moyen-Âge, encore lui le coquin, le carreau est le nom de la flèche que l'on mettait dans une arbalète. Il fallait alors se mettre à l'abri du carreau dans la bataille.

Puis, pendant la Révolution française, le public du Tribunal révolutionnaire se tenait sur une partie faite de carreaux et n'avait pas le droit de dire mot. Il fallait donc qu'ils se tiennent à carreau. Ainsi, l'expression s'est consolidée dans cette époque tourmentée, signifiant se tenir calme et suivre les règles, sous peine de recourir aux conséquences des foudres révolutionnaires.

Couper les cheveux en quatre

A l'origine, au XVIIe siècle, on parlait de fendre un cheveu en deux. Expression bien plus parlante ainsi. On comprend tout de suite le sens de précision que peut prendre ce dicton. Puis, progressivement, on est passé de deux à quatre. Puis, plus tardivement fendre s'est transformé en couper.

Anguille sous roche

Partons dans les méandres de l'empire romain où, une expression latine résonne encore dans les couloirs linguistiques : « latet anguis in herba » qui signifie « il y a une vipère sous l'herbe ». Aux racines de cette locution, le terme « anguille » vient du latin « anguilla », lui-même diminutif de « anguis », signifiant « serpent ». La boucle est bouclée !

Le serpent représente la duperie, le mensonge, la tromperie et ainsi on comprend qu'une vipère, sous l'herbe, soit associée à une situation peu claire, avec des éléments dissimulés, un jeu de duplicité où la méfiance s'impose.

Voilà et le français, dans son évolution linguistique, a adapté cette idée avec l'expression « anguille sous roche », conservant la même essence de la dissimulation sournoise ! Lointain héritage de la Rome antique !

Le dindon de la farce

Le décor se pose dans le théâtre comique du XIXe siècle, un théâtre de notre quotidien et de ses revers en un tableau cocasse. Au cœur de cette farandole burlesque, le dindon trône tel un roi majestueux, comme un oiseau noble avec son beau plumage, mais qui finira tôt ou tard dans notre assiette, donc dupé par la subtilité de l'homme, en un met délicieux. Dans le genre de la farce, ce volatile devient la métaphore de l'innocence bernée par la malice de l'humain.

Ah comme la vie peut être un vaudeville truculent où les rôles se brouillent et les apparences se dérobent sous les rires de la comédie humaine !

En voiture Simone

Et pour être complet, on dit : « En voiture Simone, c'est toi qui conduit, c'est moi qui klaxonne. »

Mais oui ! Simone, elle a existé. Alors laissez-moi vous conter la fabuleuse histoire de Simone Louise de Pinet de Borde des Forest (1910-2004), qui a conquis l'imaginaire populaire et fait vibrer les cœurs. C'est l'une des premières françaises à recevoir son permis de conduire en 1929, à 19 ans.

Dès lors, elle sillonna les routes de notre continent où elle participera à de nombreuses courses automobiles entre 1930 et 1957 et son audace, son talent la rendirent populaire au point d'avoir une expression dans notre belle langue.

La version courte que tout le monde connait a été popularisée par Guy Lux en pleine émission Intervilles lorsqu'il clame à l'arbitre, Simone Garnier : « En voiture Simone ! »

A vos souhaits

Lors de l'effroyable fléau de la peste noire qui enserra l'Europe de son étreinte funeste, entre 1347 et 1350 et qui décima près du tiers de la population européenne, éternuer, anodin geste humain, était le premier symptôme, annonçant la maladie galopante. C'est alors que naquit, parmi les hommes emplis de désespoir, une singulière tradition, dire « à vos souhaits » au possible malade. Cela était une façon de lui souhaiter de ne pas tomber malade et de conjurer le sort.

Ainsi, dans ce temps de peine et de tourments, le simple fait de prononcer ces mots était bien plus qu'une politesse de façade. C'était un acte de bravoure, un cri silencieux de résistance face à l'implacable destinée qui nous guettait à chaque coin de rue.

Cœur d'artichaut

Au XIXe siècle, on disait : « cœur d'artichaut, une feuille pour tout le monde. » L'expression vient de l'analogie avec le légume. Ainsi, celui qui a un cœur d'artichaut distribuera son amour à qui veut, l'un après l'autre. Sans parler de la tendresse d'un cœur d'artichaut, véridique dans les deux cas.

Au temps médiéval, humble époque de quête et de lutte,
Le pain, nourriture sacrée, portait la vie en son ampleur,
En ces jours où la famine guettait, impitoyable et brute,
Chaque miette comptait, chaque bouchée était un trésor.

Dans les modestes foyers, où le souci était maître,
Acheter quelque chose, c'était voler au pain son dû,
Car chaque pièce dépensée pouvait devenir un traître,
Amputant la part de pain, privant la famille éperdue.

Ainsi, la sagesse exigeait des choix avec soin,
Privilégiant l'essentiel, préservant le grain divin,
Car dans ces temps d'adversité, où la faim était le témoin,
Chaque décision pesait, chaque acte était sans fin.

Il fallait donc, autant que possible, choisir sans dédain,

Des alternatives qui n'engloutissaient pas la précieuse mie,
Car dans la lutte pour survivre, le cri du quotidien,
Était clair comme l'aurore : "Qui ne mange pas de pain, reste en vie."

Ainsi, il fallait le plus possible se tourner vers des choix qui ne mangeaient pas la part de pain, qui ne mange pas de pain !

Trier sur le volet

Le volet était un voile, que l'on utilisait pour tamiser les graines, séparant le bon grain de l'ivraie. Avec le temps et les siècles qui s'écoulent, le volet évolua pour prendre la forme d'une assiette de bois, dédiée au tri minutieux des pois et des fèves.

Ainsi, au seuil du XVe siècle, trier sur le volet devient un tri méthodique et une sélection avec soin permettant une séparation entre le bon et le mauvais !

Joindre les deux bouts

Cette expression trouve son origine dans la mode masculine du milieu du XVIe siècle. La collerette, ou la fraise, devient un accessoire détaché de la chemise et plus on en ajoute et en grande quantité et plus on étale sa richesse et sa réussite.

Une des conséquences, de la taille démesurée de la collerette, sera l'adoption de la fourchette à la table. Cependant la taille des serviettes ne suivant pas l'inflation de la collerette et les nobles ne souhaitant pas ôter leurs fraises durant le repas, la serviette devient vite trop petite. Ils ont donc du mal à joindre les deux bouts autour de leur cou.

C'est là que le bât blesse

Commençons par un point étymologique. Le bât vient du latin bastum, du verbe bastare, qui signifie porter. Ainsi, le bât est un dispositif en bois mis sur le dos des animaux afin de leur faire porter des charges.

Quand le bât était mal fixé, il pouvait faire souffrir l'animal et lui donner des blessures. C'est là que le bât blesse !

Compter pour des prunes

Au XIIe siècle, la 2e croisade entre 1146-1149, prêchée par Bernard de Clairvaux et dont le casus belli était la prise d'Edesse par les Turcs Seldjoukides, se solde par un désastre de l'armée du Roi de France de Louis VII (1120-1137-1180).

Rien à retenir de cette croisade, sinon l'apport des pruniers de Damas comme nouvelle variété d'arbre pour les états d'Occident. Louis VII aurait dit : « Ne me dites pas que vous ne rentrez qu'avec des prunes ! » Ainsi, les troupes n'auront pas combattu pour rien mais pour des prunes !

Pleurer comme une Madeleine

Ne trouvez-vous pas que les personnes utilisent à tort et à travers la madeleine de Proust, alors qu'ils ne connaissent pas la puissance de cette référence ? On parle quand même d'un phénomène qui déclenche une impression de réminiscence. Et puis la madeleine évoquée par Marcel Proust ne vient pas d'une conscience à se souvenir, car l'auteur français ne se doute pas que cette madeleine qu'il est en train de manger va lui rappeler les souvenirs oubliés.

Mais ici, rien de tout cela !

Dans la Bible, Marie, femme originaire de Magdala est connue plus tardivement sous le nom de Marie Madeleine. Elle se rapprocha de Jésus quand ce dernier arriva en ville. Alors elle se prosterna à ses pieds et ses larmes coulèrent en abondance, mêlées aux parfums dont elle avait rempli ses phylactères. Elle essuya les pieds du Christ avec ces cheveux, confessant ses péchées et demandant pardon. Le Seigneur lui accorda le pardon et son salut.

Après cet événement, Marie Madeleine deviendra la plus fervente de ses disciples. A la Résurrection, le Messie se tourna vers elle en premier.

> Les pleurs de Marie Madeleine constitue un événement biblique important, tant et si bien qu'il est devenu une expression.

Tomber dans le panneau

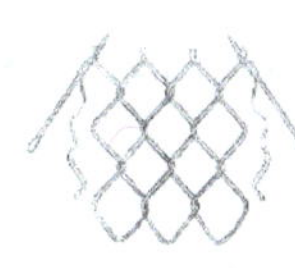

> Lors de la période médiévale, le panneau, du latin pannellus, qui signifie morceau d'étoffe, fait référence à des filets que les chasseurs utilisaient afin de capturer du gibier. Ainsi, les animaux tombaient dans les panneaux et en étaient prisonniers.

Trouver son chemin de Damas

Dans le Nouveau Testament, et plus précisément les Actes des Apôtres, Paul ou Saul, un juif romain, persécute les premiers chrétiens, ceux qui suivent les préceptes de Jésus quelques années seulement après sa crucifixion.

Il prend la route afin de se rendre à Damas, pour persécuter des disciples du Christ, mais sur le chemin, il devient aveugle et aperçoit une lumière dans le ciel qui lui demande pourquoi il le persécute. En rentrant dans la ville, Jésus lui fait savoir par Ananias qu'il doit devenir l'un des siens. Ainsi, Paul s'est converti sur le chemin de Damas !

Victoire à la Pyrrhus

Pyrrhus (-319 ou 318- -272), ce nom résonne dans les annales de l'histoire antique comme celui d'un général redoutable. A la charnière entre le IVe et le IIIe siècle avant notre ère, il devient roi d'Epire dans une période guerrière. Il fit sa renommée sur les champs de bataille, grâce à son courage et sa tactique. Cependant, son royaume fut confronté à la puissance de l'Empire romain. Ne voulant pas se resigner à la domination latine, il prit les armes et combattit l'immense empire. Pyrrhus remporta alors des séries de victoires, mais coûteuses en hommes.

L'expression de victoire à la Pyrrhus est restée et elle signifie une victoire remportée au prix de pertes si importantes qu'elles équivalent à une défaite.

Elles font d'abord référence aux batailles d'Héraclée en 280 avant JC, puis d'Ausculum en 279 avant JC. Cependant, la liste pourrait continuer en désignant, la bataille de Ravenne, de Lützen, de Malplaquet ou encore de la Moskova.

Puis, Pyrrhus connut ensuite des défaites et des trahisons qui précipitèrent sa fin. Sa vie de héros de l'Antiquité, comme on l'aime à se l'imaginer, mélange de façon exquise l'épopée guerrière avec la

	tragédie de sa chute.

Pauvre comme Job

Job est un personnage biblique de l'Ancien Testament, qui a subi des épreuves difficiles ainsi que des pertes matérielles le rendant très pauvre.

Malgré tous les événements auxquels il est soumis, Job garde la foi en Dieu. Il reste un exemple de résilience et de confiance en Dieu.

Ainsi, on peut utiliser cette expression afin de décrire quelqu'un d'une pauvreté extrême ou bien ayant subi de lourdes pertes financières. C'est une manière de souligner la gravité de la situation et la force intérieure nécessaire afin de persévérer dans l'adversité.

Travailler pour le roi de Prusse

Dans une première explication, les rois de Prusse étaient connus pour leur avarice en termes de solde des militaires, tout particulièrement Frédéric-Guillaume I (1688-1713-1740). Il les payait uniquement 30 jours, les mois qui en comprenaient 31.

Dans une deuxième explication, pendant la guerre de Sept Ans entre 1756 et 1763, la France connut une terrible défaite contre les troupes de Frédéric II de Prusse (1712-1740-1786), à la bataille de Rossbach en 1757 et ainsi fut créé une chanson satirique qui disait :
« Ah ! qu'il a bien travaillé
Qu'il a bien travaillé pour le roi (bis)
De Prusse. »

Dans une troisième explication, lors du traité d'Aix-la-Chapelle en 1748 mettant fin aux huit années de la Guerre de Succession d'Autriche, seule la Prusse fut avantagée en intégrant la Silésie à son royaume. La France, de son côté et malgré plusieurs victoires, ne réclama aucun territoire et rendit ceux qu'elle avait conquis pendant la guerre.

Et voilà, vous avez l'embarras du choix ! Cependant, ce qui est certain, c'est que cette expression trouve son origine dans le milieu du XVIIIe siècle, dans la

	France de Louis XV.

Attendre 107 ans

 Parler d'un temps très long, mais qui arrive lorsque l'on souhaite construire des cathédrales. Les Parisiens ont su s'armer de patience lors de la construction de Notre-Dame de Paris. En effet, Maurice de Sully (entre 1105 et 1120-1196), évêque de Paris à partir de 1160, a impulsé le démarrage de cette cathédrale, en 1163. Le monument a vu plusieurs générations d'architectes, d'ouvriers, d'artisans, qui ont été mis à rude épreuve, avant l'achèvement de Notre-Dame, en 1270, 107 ans après la pose de la première pierre !

En ces temps anciens, où s'épanchent les rumeurs,
Une histoire s'entoure d'ombres et de lueurs,
Dans les couloirs feutrés de l'Assemblée,
Naquit un quiproquo, dont je vais conter.

Là-bas, entre les murs où l'on forge les lois,
Se tenait une séance, où chacun avait voix.
On discutait alors, avec un sérieux grave,
Du calibrage des œufs, de leur poids, de leur save.

Mais par un malheureux sort, un oubli subtil,
Se glissa dans le texte, un oubli infantile.
Dans le Journal Officiel, comme une maladresse,
La lettre "q" s'éclipsa, sans la moindre adresse.

Ainsi, dans le débat, par un destin cruel,
Le mot "coquille" perdit sa lettre essentielle.
Et c'est ainsi qu'imprimé, sans aucun zèle,
Un mot grossier surgit, semant la ritournelle.

De cette bévue étrange, naquit une

légende,
Qui s'étendit bien loin, de ville en comté.
Ainsi, dans le jargon des imprimeurs hardis,
Le terme "coquille" persiste, et demeure épris.

Ainsi va le langage, aux détours imprévus,
Où se mêlent le rire et l'étonnement confus.
Dans le monde des mots, où tout peut advenir,
Une simple coquille peut faire rire et souffrir.

Une autre légende précise que les plaques d'impression étaient nettoyées avec du blanc d'œuf. De petits morceaux de coquille d'œuf se seraient donc collés sur les plaques, provoquant des erreurs à l'impression et faire les fameuses coquilles.

Être un cordon bleu

En l'an de grâce 1578, durant le tumulte des guerres de Religion qui agita le royaume de France, Henri III (1551-1574-1589), créa l'ordre du Saint-Esprit.

Cette institution, vouée à la lutte des catholiques contre les protestants, regroupait en son sein des hommes ayant dépassé les trente-cinq ans et de noble extraction.

Ces membres, ainsi distingués, arboraient la croix de Malte, suspendue à un ruban bleu, symbole de courage et de fidélité. De plus, la légende raconte qu'ils étaient de fins gourmets.

Nonobstant, la tourmente révolutionnaire allait faire voler en éclat l'ancienne noblesse et ses ornementations séculaires. Out l'ordre du Saint-Esprit, et place à la Légion d'honneur selon la volonté de Napoléon Bonaparte (1769-1804-1815-1821) en 1802.

Cependant, l'histoire ne s'arrête pas là, car en l'année 1895, Marthe Distel (1871-1934) donna naissance au premier périodique dédié à la cuisine. Baptisé « La Cuisinière Cordon Bleu », il connut un succès retentissant. Par la suite, elle fonda les écoles renommées "Le Cordon Bleu", véritables temples de l'art de vivre à la

| | française, où l'excellence culinaire se transmet de génération en génération. |

Les Anglais ont débarqué

Après la défaite et la capitulation de Napoléon, suite à la bataille de Waterloo le 18 juin 1815, la France vit débarquer un flot de soldats anglais avec leurs uniformes rouge vif, sur le sol national.

Les Parisiens firent le lien avec le flux sanguin qui peut être abondant pendant la période des règles féminines et utilisèrent cette expression.

Faire l'école buissonnière

Martin Luther (1483-1546), homme de la connaissance évangélique et de la Réforme, originaire d'Eisleben en Saxe, se tint devant les portes du pouvoir papal où il proclame que seule la Sainte Ecriture devait guider les pas des fidèles chrétiens.

Il était prêtre augustin et professeur d'université allemand. Il étudia les questions de la mort et du Salut des âmes et va alors chercher dans la Bible et les épîtes.

Luther fut alors marqué du sceau de l'excommunication et se vit interdit d'enseignement.

Faisant fi de cette interdiction, Luther érigea de ses mains l'Eglise luthérienne, cependant lui et ses disciples furent traqués par les ecclésiastes de l'église romaine.

Ainsi, dans l'ombre des bois, derrière les buissons, la nouvelle conception de la foi chrétienne tint des écoles clandestines, sanctuaires de la connaissance interdite.

Cependant tout finit par se savoir et le pouvoir temporel de l'éducation officielle transmis par la religion catholique découvrit le pot aux roses.

Elle interdit les « écoles

buissonnières », qui pour le coup était bel et bien une école, mais caché dans les buissons.

J'y suis, j'y reste

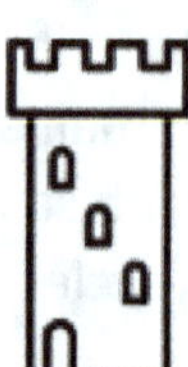

Cette expression, souvent utilisée par des personnes déterminées, a été exprimée et immortalisée par le général Patrice de Mac Mahon, qui sera plus tard président de la République.

Le 7 septembre 1855, lors du siège de Sébastopol durant la guerre de Crimée, Mac Mahon va prendre la tour Malakoff. Et alors qu'il se trouve au sommet de la forteresse, un officier anglais arrive pour lui dire de se replier car la place est minée par l'ennemi. Il aurait alors répondu : « Ma place est ici, j'y suis, j'y reste. »

Découvrir le pot aux roses

Ô douce Renaissance, époque d'éclat,
Où chaque noble dame, parée de parfums délicats,
Gardait précieusement dans son sanctuaire,
Un coffret aux roses, où reposaient ses essences solaires.

Le « pot aux roses » était alors un symbole,
D'une féminité délicate, d'une grâce folle,
Car dans ces fragrances, les secrets s'épanouissaient,
Et les mots doux des prétendants, dans l'ombre, se glissaient.

Mais avec le temps qui passe et les passions qui grandissent,
Ce simple coffret devient le gardien de bien des mystères,
Car les demoiselles, rusées et pleines d'artifices,
Y cachent non seulement leurs parfums, mais aussi leurs chimères.

Ainsi, dans l'ombre des chambres parfumées de la Renaissance,
Le « pot aux roses » devient le symbole d'une intimité cachée,
Où se mêlent les secrets, les passions, les romances,

<table>
<tr><td></td><td>Dans un ballet envoûtant de beauté.</td></tr>
</table>

Être mal barré

Dans les brumes épaisses du XIXe siècle, où les mâts se dressent comme des sentinelles sur l'océan, le langage des marins résonne tel un murmure mystique, chargé de significations profondes. Au cœur de ce lexique, un mot s'élève tel un phare dans la nuit : « barrer ».

En effet, ce verbe est la résonance du commandement suprême d'un navire, avec la barre du gouvernail. C'est l'art de gouverner sa destinée à travers les flots tumultueux et de maintenir le cap dans la tempête.

Ainsi, lorsque le ciel s'assombrit et que la destinée également, c'est à ce moment que l'expression « être mal barré » prend son sens et sa véritable portée. C'est un cri de détresse !

Les vieux de la vieille

En l'an 1804, dans les annales de l'histoire,
Naquit une troupe d'élite, devant le devoir,
La Garde impériale, droite et robuste,
Sous l'égide de Napoléon, maître auguste.

Cent mille hommes, au cœur de la bataille,
Divisés en deux, telles des vagues qui détaillent,
La « vieille garde », symbole d'honneur et de gloire,
Et la « jeune garde », ardente dans sa victoire.

Pour les vétérans, les anciens de ces batailles,
La Garde était leur honneur, leur fierté sans faille.
Ils partageaient leurs souvenirs, leurs récits de gloire,
Devenant les « vieux de la vieille » de l'histoire.

Après la chute de l'aigle, après les combats acharnés,
Ils transmettaient leur héritage aux générations passées.
Et dans les mots, dans les vers de la littérature qui résonne,
L'expression trouva sa place, elle devint une

icône.

On retrouve l'expression, chez Balzac en 1847, dans le Cousin Pons : « il avait l'air curieux d'un jeune soldat écoutant un vieux de la vieille ». Mais aussi, chez Théophile Gautier (1811-1872) :
« Ce n'était pas les morts qu'éveille
Le son du nocturne tambour,
Mais bien quelques vieux de la vieille
Qui célébraient le grand retour. »
Sans oublier, dans le roman « Les Vieux de la vieille » de René Fallet qui sera adapté au cinéma.

Faire les quatre cents coups

Cette expression reflète le tumulte qui régnait à l'époque de Louis XIII (1601-1610-1643). Elle semble surgir des tréfonds de l'histoire, mais a bien fleuri après les événements qui l'ont inspirée, revêtant un voile fantaisiste embellissant sa narration au fil des siècles.

Les faits remontent à une époque où les rênes du royaume étaient dans la fébrilité de la guerre civile, une féroce campagne militaire contre les protestants. En 1621, Louis XIII assiégea la ville de Montauban, l'un des derniers bastions de la religion réformée.

Afin de mettre à bas la résistance de la cité, le fils d'Henri IV utilisa le puissant feu de l'artillerie. Quatre cents coups de canon furent ordonnés afin de semer la terreur parmi les assiégés. Mais les habitants de Montauban festoyaient, alors même que les boulets de canon s'abattaient sur les murs de la forteresse.

Ainsi, naquit les quatre cents coups dans la bouche des conteurs d'antan, que je relaie modestement dans cet essai, pour montrer que l'on ose défier l'ordre établi.

Se croire sorti de la cuisse de Jupiter

L'expression prend racine dans la mythologie grecque, avec un dieu latin, Zeus devenant Jupiter. Zeus, le maitre des dieux de l'Olympe, met enceinte, Sémélé, la fille du roi de Thèbes. Héra, la femme de Zeus, jalouse, décide de se faire passer pour la nourrice de Sémélé et pousse cette dernière à demander à Zeus d'apparaître dans sa splendeur, ce qui la tua, car étant mortelle, cette vision ne permet pas de rester en vie.

Jupiter, afin de sauver l'enfant qu'il dénommera Dionysos, décide de l'extraire du ventre de sa mère et de le placer dans sa cuisse. Ainsi, l'enfant qui naîtra, en sortant de ce lieu auguste, pourra afficher sa haute origine.

C'est Byzance

Byzance, aujourd'hui Istanbul depuis 1930, était la capitale de l'Empire Byzantin et c'était surtout le symbole de la richesse, de l'opulence, au carrefour entre les civilisations occidentales et orientales.

La ville fondée au VIIe siècle avant Jésus-Christ, d'après la légende à Byzas, fils de Poséidon et Céroessa, prendra le nom de Constantinople en 330, en référence à l'empereur Constantin qui imposa le christianisme à l'Empire Romain.

Les Arabes l'appelaient la grande cité des Romains et les Varègues, dont les éléments les plus braves formaient la garde des empereurs byzantins, la grande ville. Elle devient le symbole du luxe avec ses bibliothèques, ses basiliques et ses réflexions théologiques.

Fernand Trignol (1896-1957), acteur du XXe siècle, dans une de ses pièces de théâtre, Pantruche ou les Mémoires d'un truand, déclame : « Quel luxe ! Quel stupre ! Mais c'est Byzance ! » Et depuis, l'expression est restée !

Avoir voix au chapitre

Les monastères sont dirigés par une assemblée des moines, que l'on appelle un « chapitre » et qui se réunissent dans la « salle du chapitre », sous l'autorité du Maître Abbé, afin de décider des règles du monastère.

A l'origine, certains moines étaient certes invités au chapitre, mais ils n'étaient pas autorisés à prendre la parole. Ainsi, seuls les moines ayant prononcé leurs vœux avaient une voix au chapitre, c'était comme un droit de vote.

A partir du XVe siècle, l'expression prend de l'ampleur en dehors des monastères. Et le sens reste d'avoir le droit d'exprimer son opinion et d'avoir du poids dans une décision.

La prestigieuse université anglaise de Cambridge récompensait d'une cuillère de bois, l'étudiant le moins bien classé à l'examen de mathématiques. Le rugby aurait repris cette tradition car de nombreux élèves de cette université pratiquaient ce sport.

En effet, lors de la deuxième édition du Tournoi en 1884, qui se déroulait à l'époque avec quatre nations (Angleterre, Pays de Galles, Irlande et Ecosse), l'Irlande finit dernière et l'équipe d'Angleterre remis une cuillère de bois que l'un des joueurs aurait acheté pendant ses vacances dans les Grisons suisses. Les Irlandais ont accepté le présent et la tradition perdura.

En 1984, pour le centenaire de la tradition, avant le début du tournoi, des supporters irlandais ont offert aux anglais, une nouvelle cuillère de bois. L'Angleterre avait fini dernière lors du Tournoi 1983. Cette cuillère de bois est conservée au musée du Rugby de Twickenham, la première ayant été volée par un étudiant écossais dans les années 1890-1900.

Passer l'arme à gauche

Suivant que vous préférez l'époque médiévale ou l'époque napoléonienne, je vous laisse choisir entre deux origines pour cette expression qui signifie mourir. Dans les deux cas, il faut chercher du côté du domaine militaire.

Au Moyen-Âge, quand deux familles s'unissaient en se mariant, les armoiries sont redessinées en un nouveau blason. Ceux de l'époux étaient sur la droite, celles de la femme sur la gauche. Quand le mari venait à mourir, on redessinait les armoiries de la famille à gauche, d'où l'expression de « passer les armes à gauche ».

Dans les guerres napoléoniennes, les longs fusils de l'infanterie pouvaient faire jusqu'à un mètre vingt. Mais lors de la recharge, il fallait déchirer une cartouche dans un petit carton où se trouvait la balle du fusil et la poudre. Ainsi, durant la recharge, le soldat posait son arme sur sa gauche et il ne pouvait plus se défendre. Statistiquement, c'était lors de ce moment, lorsqu'il passait son arme à gauche, que le soldat était tué.

Franchir le Rubicon

En 49 avant Jésus-Christ, Jules César rentrant vainqueur de la Gaule, devant les eaux impétueuses du Rubicon (fleuve marquant la frontière entre la Gaule cisalpine et l'Italie romaine), se trouve face à un dilemme politique.

En effet, le Sénat romain, gardien des traditions latines, avait émis une interdiction formelle à l'encontre du général de traverser ce fleuve. Ainsi, franchir le Rubicon avec ses soldats et ses légions devenait un acte de rébellion contre la République.

Mais, c'était sans compter sur l'ardeur de Jules César et de sa brulante ambition. Conscient des risques, il traversa le Rubicon pour rentrer à Rome, sa patrie. Cet acte allait changer le cours de l'histoire et tel un joueur, il lança les dés du destin : « Alea jacta est », le sort en est jeté.

Deux origines d'expression pour le prix d'une !

Aller à Canossa

Cette expression est une référence, à un moment historique de janvier 1077, entre l'empereur du Saint empire romain germanique, Henri IV et le pape, Grégoire VII. Les deux étaient en conflit sur l'investiture des évêques et Henri IV fut excommunié, c'est-à-dire exclus de la religion et ainsi pas de messe ou de sacrement. Afin de sortir de cette situation néfaste à l'époque médiévale, Henri IV se rendit à Canossa, où se reposait l'évêque de Rome. Ce dernier le fit attendre trois jours pieds nus dans la neige durant le mois de Janus.

Cet évènement resta dans la mémoire des Allemands, si bien qu'au XIXe siècle, le chancelier Otto von Bismarck, alors en conflit avec les catholiques, dira : « Nous n'irons pas à Canossa ! »

Prendre la poudre d'escampette

Le mot « escampe » est de l'Occitan et signifie la fuite. Quant à la poudre, elle proviendrait de la poussière laissée par le fuyard sur le chemin. Il s'agit d'une métaphore poétique, comme la langue d'Oc, langue des troubadours, sait en faire, afin d'illustrer une fuite rapide et furtive.

Ça ne vaut pas un kopeck

Cette expression signifie que quelque chose ne vaut rien. Sauf que dans le cas présent avec le kopeck, ça ne vaut vraiment rien, surtout au regard d'un français. Car le kopeck représente un centime du rouble. Et quand on sait qu'un rouble aujourd'hui équivaut à un centime d'euro, ça ne fait vraiment pas beaucoup.

Déjà, en 1806, quand on retrouve le mot « copek » dans le français, la valeur monétaire de cette pièce était déjà assez faible pour qu'on en fasse une expression.

Ce mot viendrait de « kopio », la lance, qu'ornait sur les pièces de kopek Ivan IV sur son cheval.

Avoir maille à partir

Voici encore une expression qui tire son origine de l'époque médiévale. La maille est la plus petite pièce de monnaie que l'on pouvait trouver en circulation en ces temps-là. Elle était faite de bronze.

Alors, si on avait « maille à départir », c'est que l'on devait diviser cette pièce en deux. On comprend vite que c'est impossible, car c'est comme si on nous demandait de diviser un centime en deux.

Avec le temps, le mot départir se transformera en partir dans l'expression, ce qui donne « avoir maille à partir ».

Courir sur le haricot

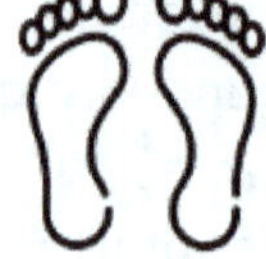

Mais quel casse pied, ce Riton. Pardon, il devrait être plus courtois de dire que cette personne, que je nomme Henri ici, mais qui aurait très bien pu se prénommer Jean-François, me court sur le haricot.

Le haricot était au XVIe siècle un mot signifiant l'orteil, symbolisant l'importance de l'agriculture dans la France de l'Ancien Régime. Courir sur le haricot va rappeler l'action de marcher sur les pieds de quelqu'un. D'ailleurs le verbe « haricoter » exprime la spéculation sur des sommes négligeables, des haricots, ce qui peut énerver son interlocuteur.

Rouler dans la farine

A l'origine de cette expression, nous trouvons à la Renaissance, le verbe « enfariner ». Ce mot désignait pour un comédien ou un bouffon, le recouvrement du visage par de la farine, afin d'incarner son rôle, afin de jouer un tour ou de tromper et divertir les spectateurs. Puis le terme, avec le temps, probablement au début XVIIe siècle, devient péjoratif. Dans le Chat et le vieux rat de La Fontaine : « notre maître Mitis, pour la seconde fois les trompe et les affine, blanchit sa robe et s'enfarine. »

Au XVIIe-XVIIIe siècle, c'est au tour du verbe rouler de prendre une tournure péjorative. Il désigne alors le fait de le duper, le voler. Et rouler va s'assembler avec la farine afin d'accentuer la tromperie.

Être fleur bleue

En 1802, dans le roman de Novlais, « Henri d'Ofterdingen », la fleur bleue symbolise l'idéal romantique de la poésie et de l'amour, mais sans connotation naïve ou liée à l'eau de rose.

Quand dans le rêve du poète apparait une fleur bleue, il est pris d'un sentiment d'harmonie, de plaisir. En passant de l'allemand au français, la fleur bleue va rester attachée au rêve d'amour, mais perdre toute sa partie poétique et littéraire.

Se mettre sur son trente et un

De multiples origines pour cette expression où l'on utilise son plus beau ou seul costume pour les mariages, enterrements, entretien d'embauche et les réveillons du 31.

Trente et un serait la déformation de trentain, un drap de luxe, dont la chaîne était composée de trente fois cent fils. Ainsi, se mettre sur « son trente et un » signifie mettre sur soi son trentain.

Ou, faut-il voir un nombre de points à atteindre dans plusieurs jeux de carte du XIXe siècle ? Ainsi, lorsque l'on atteint trente et un, on tenait le bon bout, on gagnait beaucoup d'argent.

Jeter bébé avec l'eau du bain

A une époque, pas si lointaine, sans doute jusqu'au début du XXe siècle, prendre des bains pour se laver était assez rare, car l'accès à l'eau était limité. Ainsi, il fallait suivre l'ordre familial : le père, la mère, les enfants d'abord les plus anciens mâles, jusqu'à arriver au petit dernier, le plus souvent un bébé.

L'eau s'assombrissait avec le nombre d'individus allant dans le bain et c'est pourquoi, il ne fallait pas jeter bébé avec l'eau du bain. On comprend ainsi mieux la signification de cette expression, où il ne faut pas perdre de vue l'essentiel.

Avoir les dents du bonheur

Lors des guerres napoléoniennes, les soldats devaient tenir des deux mains leurs fusils et ils devaient alors utiliser leurs dents pour déchirer l'emballage en papier où il y avait la poudre.

Ainsi, pour rejoindre les troupes de la Grande Armée, il fallait une mâchoire en parfait état, sinon le soldat était réformé. Ainsi, ceux qui avaient les dents de devant écartées étaient heureux de ne pas aller au front, surtout quand on sait que les guerres de la Révolution, suivies par les guerres napoléoniennes ont duré quasiment 23 ans. C'est pour cela que l'on parlait d'avoir les dents du bonheur !

Être le sosie de quelqu'un

Dans la pièce de théâtre Amphitryon, Sosie est un personnage. Cette œuvre composée par Plaute (-254 - -184), sera popularisée en 1668 lorsque Molière (1622-1673) en fera une nouvelle version.

Dans la pièce, Mercure prend l'apparence de Sosie, un valet du roi Amphitryon. Mercure n'y sera pas reconnu, tellement la ressemblance est frappante.

Peigner la girafe

L'origine de cette expression serait liée à Zarafa (1825-1845), une girafe offerte par le vice-roi d'Egypte, Méhémet Ali Pacha (fin 1760-1849) à Charles X (1757-1824-1830-1836), en 1826. Elle est restée ensuite au jardin des plantes de Paris où elle obtint une belle popularité. Un soigneur égyptien avait fait le voyage avec Zarafa (l'histoire n'a pas retenu le nom du soigneur) et parmi ses activités, il y avait celle de peigner la girafe afin qu'elle conserve sa beauté, une tâche longue et fastidieuse.

Tomber de Charybde en Scylla

On trouve l'origine de cette expression dans la mythologie grecque et elle fait référence à deux monstres maritimes.

Tout d'abord, Charybde était un premier monstre créant de puissants tourbillons, menaçant de détruire les navires passant à proximité. Puis, Scylla était le second monstre, avec des têtes de chiens ou de serpents, suivant les versions, dévorant les marins survivants.

L'expression est alors utilisée afin de décrire une situation où quelqu'un se retrouve confronté à deux dangers, et lorsqu'il évite l'un, il tombe dans l'autre tout aussi dangereux.

L'origine de l'expression « mettre son grain de sel » remonte à l'époque romaine. Dans ces temps-là, le sel était une denrée rare et précieuse, qui pouvait être utilisée comme monnaie d'échange. D'ailleurs chez Pline l'Ancien (23-79), au Ier siècle après JC, il écrivait : « Cum grano salis », avec un grain de sel. Cependant, il n'y avait pas alors la signification péjorative que l'on connait de nos jours. On retrouve chez les latins l'adage : « nullum sine nomine salis », rien sans une pincée de sel. Cela signifiait qu'il fallait ajouter du sel avec parcimonie afin de relever le goût des aliments, tant ce produit était précieux.

Au fil du temps, l'expression a pris un sens plus figuré et péjoratif. Mettre son grain de sel signifie s'immiscer dans une situation critique, alors que l'on ne devrait pas s'y mêler. Cela donne presque envie de réclamer un peu de sel à chaque fois qu'on donne son avis ?

Faire le mariole

Mariolo, de l'italien, voilà d'où vient notre mariole. A l'époque médiévale, la mariole est une petite image de la vierge Marie, mais aussi ce mot désigne un escroc, un escobar.

La coïncidence veut qu'il ait un soldat de la Grande Armée de Napoléon, appelé Dominique Gaye-Mariole (1767-1818). Il mesurait plus de deux mètres et il était fort comme un taureau. La légende veut qu'il ait aidé Bonaparte après avoir chuté de cheval. Il a même été pris en modèle par le peintre Jacques-Louis David (1748-1825), pour la Distribution des Aigles. Ce guerrier a propulsé et popularisé cette expression.

Faire catleya

L'expression, peu usité d'ailleurs, à part peut-être par les utilisateurs des beaux mots de la langue et littérature française, est employée par Charles Swann et Odette de Crécy dans Un amour de Swann de La Recherche de Temps Perdu de Marcel Proust (1871-1922), prix Goncourt en 1919.

Cette orchidée d'Amérique latine permet de donner sens à la sensualité et au côté séduisant de cette fleur !

Être soupe au lait

On va être clair tout de suite, on ne sait pas clairement d'où vient cette expression, qui nous parle de gastronomie populaire. On pense qu'elle apparait au début du XVIIIe siècle.

A cette époque, la soupe au lait était un plat courant et populaire. On fait chauffer du lait en le portant à ébullition. Or, il passe de l'état liquide à gazeux de façon violente. Il se peut qu'alors le lait se mette à déborder, il devient imprévisible, mais il peut aussi se calmer et redescendre tout aussi rapidement dès qu'on le retire du feu. Le lait est donc un produit instable, comme une personne soupe au lait !

Mouton de Panurge

Symbole de l'instinct grégaire, le mouton de Panurge tire son origine d'une aventure de Pantagruel du Quart Livre de François Rabelais.

Panurge, ami de Pantagruel navigue sur les rivages afin de rencontrer l'oracle de la Dive Bouteille. Il rencontre un marchant qui cherche à lui vendre un de ses moutons.

Panurge finit par l'acheter après moult débats concernant son prix, puis décida aussitôt de le jeter dans l'eau. Le reste du troupeau rejoignit alors le premier mouton, entrainant également le marchant avec tous les moutons.

« Panurge sans aultre chose dire jette en pleine mer son mouton criant et bellant. Tous les aultres moutons crians et bellants en pareille intonation commencerent soy jecter et saulter en mer aprés à la file. La foulle estoit à qui premier y saulteroit aprés leur compaignon. »

Cet épisode grotesque, gravé dans les annales du bon sens et de la sagesse, nous enseigne que tel le mouton de Panurge, bien des âmes errantes suivent aveuglément le troupeau, sans même songer aux conséquences de leurs actes.

Ainsi va la comédie humaine, où les sots et les naïfs, telles les bêtes de somme,

<table>
<tr><td></td><td>s'enchaînent volontiers les uns aux autres, menés par la folie d'un seul, sans un soupçon de discernement.</td></tr>
</table>

Âne de Buridan

<table>
<tr><td></td><td>De nos jours, cette expression se fait de plus en plus rare. On retrouve ici un paradoxe, associé au philosophe français, Jean Buridan (1301-1358), même si elle ne semble apparaître dans aucune des œuvres du docteur scolastique.

C'est le paradoxe d'un âne qui se laisserait mourir de faim, ne pouvant choisir entre deux picotins d'avoine, placés à égale distance de lui. Il s'agit alors d'un exemple ou parabole d'un dilemme poussé à l'absurdité.</td></tr>
</table>

Fier comme Artaban

Dans l'épopée historique Cléopâtre, écrit par Gautier de La Calprenède (1610-1663), le récit se ploie aux rênes de l'Histoire, avec une grand H, comme gravé dans l'ambre des lignes, le fier Artaban se pavane tel un paon en ses plus belles heures. Même Boileau (1636-1711) y alla de sa critique envers ce personnage qu'il trouvait d'une fierté orgueilleuse et arrogante. Artaban fut donc réduit à cela et à cette expression.

S'en moquer comme de l'an 40

Cette expression semble apparaître au début de la Révolution française et prendre de l'importance, lorsque le calendrier révolutionnaire est institué le 24 octobre 1793, par les opposants de cette mesure. En effet, peu de personnes pensaient que ce calendrier arriverait à l'AN 40 et d'ailleurs, ils ont eu raison car en 1806, Napoléon reviendra au calendrier grégorien, bloquant le calendrier révolutionnaire à l'AN 13.

Il semblerait que le nombre 40, en revanche ne soit pas pris au hasard. En effet, il a une portée biblique : 40 jours de tentation dans le désert pour Jésus, 40 ans dans le désert pour Moïse après la fuite d'Egypte, 40 jours de Déluge pour Noé, l'Ascension est 40 jours après Pâques. C'est un nombre symbolique de la persévérance et de la patience. De plus, le livre le plus lu avant la Révolution est l'An 2440, rêve s'il en fut jamais de Louis-Sébastien Mercier (1740-1814), paru en 1771. C'est un roman d'anticipation dans lequel on retrouve le programme des Lumières.

Faire la grasse matinée

Chez les latins, l'adjectif « crassus » signifiait épais, gras. Au XVIe siècle, on disait « dormir la grasse matinée » afin d'exprimer le fait de rester dans l'épaisseur du sommeil.

Il est également à ce moment-là, associé au fait « de faire du gras » en restant longtemps au lit. Les fêtes chrétiennes parlent de dimanche gras et de jours gras en opposition aux jours de jeûnes et de Carême, des jours maigres. Et souvent, ce sont des femmes de la haute société, dont les formes ne sont guère dérangeantes à cette époque-là, qui peuvent se permettre de se prélasser dans leurs lits les jours gras et faire ainsi la grasse matinée.

Prendre des vessies pour des lanternes

Jadis, les vessies de porcs, une fois séchées, servaient de récipients. Certains marchands les vendaient comme des lanternes, auprès des âmes naïves, car elles laissaient passer la lumière des bougies.

Au XIIIe siècle, l'expression va se créer en parlant de « vendre vessie pour lanterne », en faisant référence à ces vessies que l'on vendait comme lanterne, afin de dénoncer ceux qui trichaient, mentaient et racontaient des absurdités. Avec le temps, l'expression deviendra « prendre des vessies pour des lanternes ».

A l'aune de

L'aune était autrefois une « unité de mesure » utilisée comme référence de mesure pour les distances. Cependant, celle-ci pouvait varier suivant les régions et les états. Comme disait Pascal (1623-1662) : « Vérité en deçà des Pyrénées, erreur au-delà ».

C'est d'ailleurs pour cela que l'on utilisait l'expression « mesurer à son aune », que l'on pourrait traduire par en fonction de son jugement personnel. Voilà pourquoi, aujourd'hui, si l'on dit « à l'aune de », cela signifie que l'on est capable de juger à la lumière des connaissances et des informations que l'on dispose.

Être gai comme un phoque

Cette expression péjorative sur l'homosexualité trouve probablement son origine non point dans un vocable animalier, mais sans doute dans les métaphores de la marine. En effet, une possible confusion orthographique donnera au mot « foc », une écriture plus commune de « phoque ». Le foc est la voile triangulaire à l'avant d'un bateau et qui prend le vent par l'arrière. Il n'en faudra pas plus aux marins d'embarquer cette comparaison sur les rivages d'une certaine forme d'homophobie.

Être à voile et à vapeur

Encore une expression de la marine, afin de dire cette fois ci que l'on est bisexuel. En effet, les marins partant durant de longues périodes en mer, avec uniquement des hommes à bord pouvaient aimer les hommes à bord et aimer les femmes au port.

Le mât de la voile est un symbole masculin, au vu de sa forme, alors que les vapeurs sont plutôt associées à la femme.

Faire un tabac

Dans l'éther parfumé des siècles révolus, le tabac s'impose en maître des sens, distillant ses volutes envoûtantes au gré des époques. A la fin du XIXe siècle, le mot « tabac » semble se métamorphoser, abandonnant les senteurs de son essence pour les habits du triomphe.

« Avoir le gros tabac » est rentré dans le langage crypté du théâtre, non point pour évoquer les bouffées odorantes d'une pipe, mais le tumulte des acclamations, le bruit des mains frappées qui surpasse la claque. En effet, il faut chercher du côté de l'homophonie avec le préfixe « tab », qui exprime l'idée de frapper comme le tabut, synonyme de tumulte, qui est à l'origine de tabasser. Donc, faire un tabac reprendre le fait d'être grandement applaudi.

Dire une lapalissade

Ô Renaissance, reprise de l'antique,
Où l'ombre d'un héros en majesté,
Jacques de La Palice dont la gloire authentique,
A la bravoure l'a élevé.

Son nom fut en légende emporté,
Par les chants des guerriers, dans la rime édifiée,
Point de mots futiles, mais un honneur respecté,
Pour un maréchal valeureux, à la gloire dédiée.

Hélas, La Palice est mort,
Il est mort devant Pavie ;
Hélas, s'il n'était pas mort,
Il ferait encore envie.

Ô temps cruel, complice d'une erreur fatale,
Qui métamorphosa la gloire en simplicité,
La strophe, en son essor, glissa vers la banale,
Oubliant la grandeur, pour une simple vérité.

Hélas, La Palice est mort,
Il est mort devant Pavie ;
Hélas, s'il n'était pas mort,

<table>
<tr><td></td><td>Il serait encore en vie.</td></tr>
<tr><td></td><td></td></tr>
</table>

C'est l'hôpital qui se moque de la charité

Retour dans une époque riche en expression, le Moyen-Âge. Dès le XIIe siècle, un hôpital, tenu par des religieux, servait à accueillir les plus démunis. Hôpital vient du latin hospitalia, « chambre pour les hôtes ». Dans ce lieu, on pratique alors la charité, c'est-à-dire l'amour envers son prochain.

Au XVIIe siècle, à l'époque moderne, le religieux et le laïc se séparent peu à peu. Ainsi, les hôpitaux gérés par les Frères et les Sœurs de la Charité prennent au fil du temps le nom de « Charité ». Ainsi, dans ces temps-là, un hôpital et une charité étaient alors la même chose, à savoir ce que l'on appellerait un hôpital de nos jours.

Donc, si « c'est l'hôpital qui se moque de la charité », cela reflète une autodérision, car c'est finalement se moquer de soi-même.

Qui m'aime me suive

En l'an treize cent vingt-huit, sous Philippe VI de Valois,
Après le règne écourté du roi Charles IV, bel et droit,
La France, en ses tourments, s'engage en un chemin ardu,
La bataille du mont Cassel, nous est attendue.

Le roi, dans sa ferveur, tente d'insuffler courage,
A ses conseillers tièdes, doutant de son ouvrage.
Le connétable, fidèle, seul soutient son dessein,
D'une phrase vaillante, il exhorte serein :

« Qui a bon cœur, ami, sait saisir l'instant juste,
Dans le temps propice, l'audace n'est point injuste. »
Philippe, saisi d'allégresse, embrasse son ami :
« Qui m'aime, me suive ! » déclame-t-il ravi.

Pour ce roi tout juste couronné, c'est le moment,
D'unir autour de lui, les nobles sûrement.
Dans la force de l'unité,

	Philippe VI trouve sa destinée.

Epater la galerie

Galeria, en latin, désigne les porches des églises au Moyen-Âge, toujours lui. Puis, ce mot a été utilisé afin de désigner un passage long. Et lors des parties de jeu de paume, où l'on pouvait jouer à l'intérieur comme à l'extérieur comme le tennis, les terrains intérieurs comportaient alors une grande salle de jeu bordée par des galeries où les spectateurs admiraient les parties de paume.

Souvent les joueurs, afin d'impressionner le public, réalisaient des gestes techniques compliqués, comme dans la plupart des sports encore de nos jours. On disait alors que le joueur épatait la galerie, car il cherchait à impressionner ceux qui étaient installés dans la galerie.

A tire-larigot

Au quinzième siècle, une époque enivrée de coutumes et de mystères, l'acte de tirer s'enlaçait au breuvage. Mais le larigot était aussi une flûte, cet harmonieux instrument de l'époque. Cependant quel surprenant concours de circonstances a conduit à l'union de ces deux mots différents dans l'expression « boire à tire-larigot » ?

Une première version tend à comparer la posture de tenir une flûte à la verticale avec celle de lever un verre, créant un lien entre l'art de la musique et celui de la dégustation.

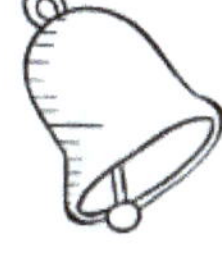

Une deuxième version, nous embarque sur les pavés de Rouen, ville du Gros Horloge et de sa cathédrale. En ces terres normandes, où la majestueuse silhouette de la cathédrale gothique se dresse comme un phare dans l'océan du temps, réside une cloche mythique : la Rigaud. Offerte à cet édifice par l'archevêque Eudes Rigaud (~1210-1275) à la fin du treizième siècle, cette cloche titanesque demandait douze hommes pour la faire résonner.

On raconte alors dans les murmures des vieilles pierres de la cathédrale parmi d'autres légendes et anecdotes, que ces vaillants sonneurs, après avoir bien fait sonner la puissance de la Rigaud était récompensés par une promesse de beuverie. De l'argent sonnant et trébuchant afin de s'offrir un verre de vin aux bras puissants qui, dans un élan de force et de coordination, faisaient résonner le bronze de cette cloche dans les cieux de la cité normande. On pouvait chanter d'autres musiques plus paillardes dans les vapeurs d'alcool des tavernes environnantes, lorsque l'on buvait ainsi à tire-larigot, après avoir tiré la Rigaud !

A midi pétante

En l'an de grâce 1786, alors que la capitale du royaume de France s'éveillait aux murmures de l'âge des Lumières, un horloger du nom de Rousseau (qui n'est pas le philosophe du même nom, même si ce dernier était un passionné d'horlogerie), offrit au jardin du Palais Royal, où il avait établi office, un canon en bronze. Oh, cependant, il n'apportait point des instincts belliqueux en plein cœur de Paris ! mais une alchimie audacieuse entre la physique et la poésie. A midi pile, les jours ensoleillés, grâce à une loupe, les rayons de notre astre lumineux caressaient une mèche, déclenchant ainsi une explosion à midi pétante.

Rapidement, ce petit canon singulier, attira une foule émerveillée, réglant leurs montres à l'ombre des platanes du jardin, qui quelques années plus tard révèlera un certain Camille Desmoulins (1761-1794) appelant la foule parisienne à se révolter suite au renvoi de Jacques Necker (1732-1804) le 12 juillet 1789. Il devint ainsi le gardien du temps, la sentinelle solaire d'une époque où le temps se laissait encore dompter par la main de l'homme.

Cependant le cours des heures suivit

son chemin, emportant sur son passage les vieilles coutumes et antiques traditions. Au début du dix-neuvième siècle, l'heure du canon du Palais Royal cessa d'être l'heure officielle de Paris. Ainsi, le canon se tut, muselé comme un molosse par les lois du progrès.

L'histoire aurait pu s'arrêter là, mais la rédemption effectua son travail et offrit au canon une restauration. En 2002, une fidèle réplique retrouva sa place au jardin du Palais Royal, ravivant le lointain souvenir de l'époque où le temps s'égrainait au rythme des rayons du soleil.

Avoir pignon sur rue

Jadis, le pignon se dressait au sommet des maisons de ville. Au tournant du Moyen-Âge et de la Renaissance, ce triangle de bois, solide pilier de la charpente, était également le témoin du statut social des propriétaires.

Les bourgeois et riches marchands, fiers de leur prospérité, ornaient leur pignon d'une magnificence proportionnelle à leur richesse, exhibant ainsi à tous leur opulence. En revanche, les plus modestes citadins ne les paraient pas ou sobrement.

L'expression « avoir pignon sur rue » naquit alors, évoquant ces demeures aux façades parées de splendeur, signes ostentatoires de richesse. Au XVIe siècle, cette locution se répandit dans les rues des villes, s'appliquant désormais aux propriétaires de biens sans distinction de richesse.

Le pignon, témoin muet de l'histoire des cités, demeura le symbole immuable de la prospérité urbaine, rappelant à tous que la fortune se mesure parfois à l'aune de la pierre et du bois.

Vendre la peau de l'ours avant de l'avoir tué

Déjà au Moyen Âge, on parlait d'un proverbe : « vendre la peau avant qu'on ait la bête. » Mais en 1475, sous Louis XI (1423-1461-1483), ce dernier propose une alliance à Frédéric III (1415-1452-1493), le sage, empereur du Saint Empire (à ne pas confondre avec Frédéric III, empereur allemand pendant 3 mois en 1888), contre un ennemi commun, Charles le Téméraire (1433-1467-1477), duc de Bourgogne.

Cependant, Frédéric III raconte alors, en signe de refus sur cette guerre incertaine, une histoire où deux chasseurs fiers et prétentieux n'arrivent pas à tuer un ours. Il finit par : « Il ne faut jamais marchander la peau de l'ours avant que la bête ne soit morte. »

Puis arrive La Fontaine, le Maître de la fable française. Il va populariser dans la fable intitulée « l'ours et les deux compagnons », le proverbe qui circulait déjà oralement suite à l'anecdote de Frédéric III.

Que ce soit la sagesse des rois ancestraux ou la plume poétique de La Fontaine, la morale demeure immuable, ne jamais crier victoire trop rapidement, surtout face à un ours, symbole de

	l'indomptable nature.

C'est la croix et la bannière

Pénétrons dans les arcanes de cette expression née sous les cieux bleus de la botte au sud du Pô, que l'on nomme ici-bas, Italie. Prends note qu'au quinzième siècle, ère chrétienne s'il en est, lors des processions sacrées, la croix, en tête de cortège, était le symbole de la foi et de la dévotion. Puis, arrivaient les bannières, portées à bras le corps par les fidèles.

Que d'efforts pesants pour les simples mortels de coordonner une telle procession ! C'était une tribulation, digne des plus belles descriptions d'un roman festif. Les complications et les difficultés étaient fort nombreuses lors de ces célébrations.

Ainsi, naquit cette expression pour dire que c'est la croix et la bannière que de porter et de coordonner la croix et les bannières lors des évènements sacrés.

Passer du coq à l'âne

A l'origine, on parlait de « saillir du coq à l'asne ». A l'époque médiévale, le mot « asne » désignait la « cane », femelle du canard. Or, les coqs essaient parfois de s'accoupler avec des canes. Avec le temps, l'expression se serait peu à peu transformée et saillir est devenu passer, puis l'asne aurait subi une légère transformation orthographique, ôtant à l'expression le caractère quelque peu érotico-bestial !

Au XVIIe siècle, les mains habiles des tisserands travaillaient les étoffes avec grand soin. Certains tissus, las d'une longue vie de braves et loyaux services, se couvraient de peluches. On parlait de vêtements ou d'étoffes qui « jetaient du coton ». Cette expression indiquait une usure du tissu, dont la fin était proche et qu'il faudrait probablement jeter.

De cette métaphore textile est née une expression englobant les humains, afin de décrire une chute imminente et inexorable. C'est au XIXe siècle, à l'heure où les machines de la Révolution Industrielle commençaient à remplacer certains ouvriers, que l'expression pris le sens que nous connaissons aujourd'hui.

Ici, il ne faut point chercher un lien avec la ville rose toulousaine, car la violette, cette modeste fleur des sous-bois, préfère l'ombre, loin des regards indiscrets. Elle se niche dans les recoins secrets de la forêt, là où la lumière peine à pénétrer, préservant alors sa beauté. Par son existence simple, la violette est devenue le symbole de la discrétion, de la modestie et de l'humilité. Voilà pourquoi, parle-t-on d'une pudeur de violette afin de désigner une personne pudique, à l'extrême et timide.

Être mi-figue, mi-raisin

Cette expression prend son origine
D'une duperie des Corinthiens
Qui mêlèrent, en grande routine,
Des figues aux raisins vénitiens.

Au Moyen Âge, temps vertueux,
Les fruits secs étaient mis à l'honneur,
Durant le Carême, saint et pieux,
Temps de jeûne, mais point sans saveur.

Le raisin, met de haute estime,
Raffiné et fort apprécié,
La figue, plus courante, s'exprime
Par son prix dégradé.

Les marchands, rusant sans vergogne,
Ajoutaient des figues aux raisins,
Leur lourdeur augmentant la pogne,
Trompant ainsi le chrétien.

Ainsi naquit cette expression,
« Moitié-figue, moitié-raisin »,
Simplifiée par la mutation
En « mi-figue, mi-raisin ».

Il ne faut pas mélanger les torchons et les serviettes

Au XVIe siècle, les bourgeois et la noblesse utilisaient des serviettes à table, symbole de leur statut et de leur raffinement, tandis que les domestiques, n'avaient le droit qu'à ce que le permettait leur statut social : de humbles torchons. Ainsi, de ce contraste hiérarchique est né une distinction nette entre les classes sociales du fait même de l'instrument permettant de s'essuyer la bouche. La serviette pour les plus riches et le torchon pour les plus modestes.

L'expression « ne pas mélanger les torchons et les serviettes » puisait ses racines dans une réalité sociale bien marquée. Elle véhiculait l'idée qu'il était inconcevable de confondre les personnes comme les objets de rangs ou qualités différents.

Jeu de main, jeu de vilain

Dans les champs où les vilains, de la main délaissée,
S'adonnaient au plaisir de la paume enjouée,
Sans le luxe des raquettes, ces nobles apparats,
Ils se livraient aux jeux, mais souvent aux combats.

Au seizième siècle, l'art du jeu s'affina,
Par les règles des raquettes, la noblesse le scella.
Les paysans restaient, dans leurs joutes sans frein,
Objets du mépris des seigneurs hautains.

Ces jeux de main, souvent, en rixes se terminaient,
Quand la rage et la force sur le plaisir l'emportaient.
Ainsi naquit l'expression, en ces temps lointains,
Que le jeu de main, trop vilain, finit toujours en chagrins.

Être dans les bras de Morphée

Dans la mythologie grecque, Morphée, dieu des rêves, est le fils d'Hypnos, dieu du sommeil, et de Nyx, déesse de la nuit. Représenté sous les traits d'un jeune homme, il tenait un miroir d'une main et des pavots soporifiques dans l'autre. D'un simple touché de ses pavots, il plonge une personne dans un profond repos et lui offre les songes de sa nuit.

Les bras, symboles de sécurité, de force et de protection, enveloppent le dormeur dans une étreinte protectrice. C'est ainsi que l'expression « les bras de Morphée » s'est imposée afin de désigner un sommeil profond. Il devient alors le gardien des rêves.

Toucher le pactole

Selon la légende, pour remercier Midas, roi de Phrygie (en Turquie actuelle) de l'avoir accueilli, Dionysos va lui permettre d'exaucer un vœu. Celui-ci sera de transformer en or tout ce qu'il touche. Cependant, Midas n'a pas réfléchi plus loin que le bout de son nez. En effet, il ne parvient plus à s'alimenter, puisque tous les aliments se transforme en ce précieux métal.

Afin de se libérer de ce fléau, Midas doit se baigner dans le fleuve Pactole. Lorsqu'il plongea dans ce cours d'eau, le fleuve se mit à transporter des pépites d'or. Voici pourquoi, « toucher le pactole » désigne le fait de recevoir une importante somme d'argent.

Ne pas être sorti de l'auberge

Dans l'argot des voleurs et des brigands, l'auberge désigne la prison. En effet, le maraud ainsi emprisonné reçoit le gîte et le couvert comme dans une auberge. Puis, au XIXe siècle, époque des Misérables et des Rougon-Macquart, l'auberge devient un endroit de tous les malheurs.

Ainsi, lorsqu'une canaille entrait dans la prison, l'auberge, il était courant de dire qu'il ne sortirait pas de suite et donc qu'il « n'était pas sorti de l'auberge » !

Être collet monté

En ces temps, à la cour des Médicis,
Pour honneur et faste, on portait le collet,
Pièce de noble tissu, en son sein bien dressé,
Rigide et imposant, à l'orgueil d'Artémis.

Au XVIe siècle, le collet vint s'affiner,
D'un simple bord de cou, devint faste et parade,
Par le fil et le fer, sa hauteur devint rade,
Symbole de prestance, afin de se distinguer.

Ainsi, le collet monté, aux étoffes raffinées,
En ces fastueux jours, d'une cour si ornée,
Était-ce fier ornement, du cou bien ajusté,
D'une mode bien née, et d'une grâce vantée.

Catherine de Médicis, où le détail,
De collet si monté, devenait éventail,
Pour abriter la nuque, et la fierté montrée,
D'une noblesse en fête, bien dressé.

Faire partie du gotha

A l'origine, le « gotha » désignait l'almanach publié chaque année à partir de 1764 jusqu'en 1944. Il comprenait les noms des membres des familles aristocratiques. Il avait été créé par Guillaume de Rothenberg, afin de rassembler les informations sur la maison de Saxe et celle des empereurs allemands. Comme la maison de Saxe avait sa cour à Gotha en Thuringe, l'Almanach de Gotha devient une référence pour les nobles voulant avoir des informations sur les grandes lignées européennes.

Ainsi, le « gotha » évoque le summum de l'importance social, le gratin du gratin et faire partie de l'almanach de la noblesse européenne montre bien que l'on fait partie d'un cercle fermé de privilégiés.

Battre la chamade

La « chamade » vient de l'italien « chiamata » qui fait référence à une clameur. Très vite, il désigna le battement de tambour qu'une armée fait émettre afin de proposer une trêve ou d'accepter une voie diplomatique.

L'expression va progressivement passer dans le champ civil, et reprenant la thématique du battement de tambour, la poésie et la métaphore aidant, on parlera du battement du cœur lorsqu'il s'emballe.

Être au septième ciel

Oui, le romantisme et la sexualité ont également trouvé une voie importante dans les expressions françaises, mais parfois les chemins pris par celles-ci peuvent être alambiquées, tortueuses, mais originales.

Dans les temps anciens de l'Antiquité, les astronomes estiment que la Terre est au centre de l'univers et les corps célestes (étoiles, planètes, satellites) étaient représentés dans des sphères de cristal, les ciels.

Ainsi, dans l'ordre venait la Lune, qui était le premier ciel, puis Mercure, Vénus, le Soleil, Mars, Jupiter et la dernière connue à l'époque, Saturne. Si nous comptons bien, il y avait sept ciels et être au septième ciel signifiait se retrouver au niveau du bonheur absolu.

Renvoyer aux calendes grecques

Les Romains appelaient le premier jour de chaque mois les calendes, ce moment où les débiteurs devaient honorer leurs créances. Les Grecs, dans le même temps, continuaient à utiliser leur propre système de mesure du temps, sans faire référence à ces calendes.

Suétone, auteur latin du IIe siècle après JC, nous a transmis cette locution dans son œuvre magistrale, La Vie des douze Césars. Il attribue l'expression à Octave (-63 - -27-14) en lui prêtant les propos suivants : les mauvais payeurs « paieront aux calendes grecques » (« ad Kalendas Graecas soluturos » en latin). Par cette phrase, l'empereur romain désigne une échéance improbable avec une date de remboursement illusoire.

Par la verve d'Octave et la plume de Suétone naquit l'expression qui symbolise l'infinité des délais, l'impossible attente des dettes que jamais on ne rembourse.

Être le mentor

Dans la vaste et lumineuse fresque de la mythologie grecque, et plus particulièrement dans l'Illiade et l'Odyssée d'Homère, Mentor, figure noble et vénérable, se dresse comme le précepteur de Télémaque, fils du vaillant Ulysse. Lorsque ce dernier, le rusé héros, se prépare à quitter son foyer pour les périlleux rivages qui mènent à Troie et à sa guerre, il confie à Mentor le soin sacré de veiller sur sa demeure, sur son héritage et surtout sur son fils.

Mentor, avec sa sagesse et son discernement de la Grèce Antique, devient le guide de Télémaque, lui offrant les enseignements de la raison et la bienveillance paternelle. A travers ses conseils éclairés, il incarne la figure du conseiller expérimenté, du gardien des traditions et de la connaissance.

Par l'assimilation de son nom, un Mentor est devenu le symbole et l'incarnation de cet ami dévoué, de ce sage protecteur en qui l'on place une très importante confiance.

Déplacer une montagne

Cette expression biblique tire sa sagesse des paroles sacrées de l'Evangile de Matthieu, où il est relaté un miracle de Jésus. Le père d'un enfant possédé par le démon s'adressa à Jésus Christ pour solliciter son aide. Le fils de Dieu, dans sa miséricorde le lui accorda et enleva le démon.

Ainsi, se tournant vers ses disciples qui avaient essayé en vain de chasser le démon, il leur dit : « Je vous le dis en vérité, si vous aviez de la foi comme un grain de sénevé, vous diriez à cette montagne : « Transporte-toi d'ici là » et elle s'y transporterait, et rien ne vous serait impossible. »

Le Seigneur illustra par cette image la force immense et transcendantale de la foi véritable.

Saoul comme un Polonais

Les clichés, c'est mal. Cela étant, rien ne nous empêche d'essayer de comprendre d'où ils viennent et pour le coup, la raison historique de ce cliché est relativement cocasse.

En 1808, lors de la campagne d'Espagne, un assaut final décisif fut mené à 1500 mètres d'altitude. C'est un régiment de chevaux-légers polonais commandés par le baron Jan Leon Kozietulski (1781-1821), qui fit la différence grâce à la détermination inébranlable et sa puissance. À la suite de cet affrontement héroïque, les généraux français, afin de minimiser l'exploit des combattants polonais, racontèrent à Napoléon qu'ils avaient bu et qu'ils étaient ivres pour s'encourager lors de la bataille.

L'Empereur, pour qui le résultat comptait plus que le reste et avec l'autorité qu'on lui connait, déclara : « Alors, la prochaine fois, sachez être saouls comme des Polonais. » Par cette phrase, il rendit un sincère hommage à la bravoure dont firent preuve les Polonais, reconnaissant que leur ivresse n'était pas un signe de faiblesse, mais bien une démonstration de leur courage et leur capacité à surmonter les épreuves.

Impossible n'est pas français

Scène 1, novembre 1808, en route pour l'Espagne

Napoléon, passablement énervé – Que se passe-t-il ? Pourquoi n'avançons-nous plus ?

Lieutenant, intimidé – Mais Votre Majesté, les Espagnols sont devant, ils tiennent le col. Il est impossible de passer.

Napoléon – Comment ? Impossible ! Je ne connais point ce mot-là ! Il ne doit y avoir pour mes Polonais rien d'impossible !

Scène 2, date incertaine vers 1810, palais des Tuileries

Fouché – Votre Majesté Impériale, j'ai discuté avec le tsar ce matin et il semble impossible de le convaincre de chasser les émigrés français de Russie.

Napoléon – Impossible ! Il faut trouver un moyen de le convaincre. Il n'y a rien d'impossible.

Fouché – En effet, j'aurais dû me rappeler que Votre Majesté nous a appris que le mot impossible n'est pas français.

Scène 3, juillet 1813, Magdebourg

Général Le Marois – Votre Majesté, il m'est impossible de tenir la cité plus longtemps.

Je dois avoir plus de soldats ou me rendre.
Napoléon – C'est impossible m'écrivez-vous ; cela n'est pas français.

Scène 4, 1838, salon de Balzac
Balzac, pensif, en train de boire son café –
Je viens d'avoir une idée pour mon prochain livre, en reprenant la phrase de Napoléon : « Impossible n'est pas français » et il s'appellera Maximes et Pensées de Napoléon.

Baisser de rideau

www.ingramcontent.com/pod-product-compliance
Lightning Source LLC
Chambersburg PA
CBHW061356250726
48657CB00004B/1514